LA
SOUVERAINETÉ NATIONALE

ET

LES RÉFORMES SOCIALES

PAR

Alphonse PALLU

CHEVALIER DE LA LÉGION D'HONNEUR (EXPOSITION DE L'INDUSTRIE 1849)
ANCIEN MEMBRE ET SECRÉTAIRE DU CONSEIL GÉNÉRAL DU PUY-DE-DÔME;
ANCIEN MAIRE DE LA COMMUNE DE PONTGIBAUD (PUY-DE-DÔME),
FONDATEUR DE L'USINE DE PRODUITS CHIMIQUES DE PORTILLON, PRÈS TOURS,
ANCIEN DIRECTEUR GÉRANT DES MINES ET FONDERIES DE PLOMB-ARGENTIFÈRE DE PONTGIBAUD (PUY-DE-DÔME),
FONDATEUR DE L'INDUSTRIE DES MARBRES-ONYX D'ALGÉRIE,
FONDATEUR-DIRECTEUR DU PARC ET DE LA COLONIE DU VÉSINET (SEINE-ET-OISE).

(DEUXIÈME ÉDITION.)

CHAPITRE Ier.

CONSIDÉRATIONS GÉNÉRALES.

En présence des malheurs de nos armes, en présence des luttes des partis et de la formidable insurrection qui vient d'ensanglanter Paris en le souillant de son écume, chacun, plongé dans la douleur, se recueille, réfléchit, et reportant sa pensée en arrière, cherche à approfondir les causes des épreuves que nous subissons.

Tous, d'une manière inconsciente chez les uns, réfléchie chez les autres, nous nous demandons si nous n'avons pas mérité ces souffrances; si la Providence ne nous les a pas imposées pour nous purifier et nous rendre dignes, enfin, d'accomplir les glorieuses destinées que nous a fait entrevoir notre révolution de 89.

Quant à moi, préoccupé de l'avenir, autant que je suis affligé du présent, inspiré par l'amour ardent de mon pays, je me propose, dans ces études, de remonter des effets aux causes et de rechercher comment la France pourra se mettre, pour toujours, à l'abri de semblables malheurs.

Je fais appel à tous ceux qu'aucune passion mauvaise n'anime, à tous ceux qu'aucun intérêt personnel n'aveugle, à l'immense majorité des citoyens, enfin, et je les prie de réfléchir profondément aux observations qui vont suivre. Je les y invite d'autant plus énergiquement que, troublés pour la plupart, par les horreurs auxquelles nous venons d'assister, ils pourraient devenir la proie des privilégiés, des parasites et de tous ceux qui vivant des abus, veulent, afin de ressaisir le pouvoir, faire peser sur la France libérale la responsabilité de toutes ces calamités dont leurs excès séculaires sont pourtant seuls la cause.

L'Assemblée de 1789 a bien pu, par sa célèbre *Déclaration des droits de l'homme et du citoyen*, poser les bases du droit moderne; mais si, en proclamant ces principes qui sont immortels parce qu'ils sont de l'ordre naturel, elle a affirmé le règne de la justice et de la vérité trop longtemps méconnues, elle a été et devait être impuissante à changer immédiatement les mœurs d'une nation façonnée depuis des siècles, à l'exercice de l'oppression par les uns, à l'habitude de la servilité chez les autres.

Les lois, les institutions peuvent bien réagir sur les mœurs, mais ces dernières ne se modifient et ne se forment qu'avec le temps; aussi quatre-vingts années de luttes intestines n'ont-elles pu triompher encore complétement de l'oppression et de la servilité.

Oppression et servilité sont deux mots chassés à tout jamais de nos codes, il est vrai, mais l'une et l'autre s'exercent et se subissent encore sous mille formes différentes dans les rapports administratifs et privés.

Depuis sa révolution de 89, la France n'a cessé d'être abusée par un mirage continuel.

Trompée par les égoïstes, les ambitieux et les rhéteurs, elle a constamment cherché son salut dans *la politique*, au lieu de le chercher dans la science de l'*administration*, qui l'aurait conduite au port dont les politiques l'ont toujours éloignée pour la jeter sur les écueils.

Poursuivant ainsi une chimère et prenant l'ombre pour la proie, elle s'est laissée insensiblement envahir par les parasites, les privilégiés et les abus plus nombreux peut-être encore aujourd'hui, que ceux qui ont été détruits par son immortelle révolution !

Les hommes qui l'ont gouvernée ont échoué dans la tâche qu'ils ont tour à tour entreprise, parce que, dominés par le souvenir du passé, ils ont sans cesse cherché leurs enseignements dans une politique usée au lieu de marcher hardiment en avant.

Ces politiques me font l'effet de l'astrologue de la fable, qui tombe dans un puits en regardant les étoiles.

En effet, la société moderne diffère tellement de la société ancienne, que ceux-là seuls qui auront bien étudié leur époque seront dignes et capables de la gouverner.

Brisons donc, enfin, avec les roueries de la politique, l'art des expédients, pour nous confier à la science de l'administration; car, la première est à la seconde ce que l'aigrefin est à l'honnête homme, ce que l'étiquette est à la marchandise.

Autrefois la nation était possédée et exploitée par la noblesse et le clergé qui, vivant dans l'opulence et le faste, méprisaient le travail et traitaient les travailleurs de *vilains*, foulant ainsi aux pieds toute morale et toute dignité humaine.

Aujourd'hui, c'est le tour des députés, des fonctionnaires publics; il n'y a rien de changé que les noms. Ils n'affectent pas, il est vrai, le même mépris pour le travail, protégé désormais par la conquête de son indépendance, mais ils se sont emparés de la société en se servant des fonctions publiques comme moyen de corruption et de domination. Ils ont tellement multiplié, suivant leurs besoins, les rouages de toutes les administrations, qu'ils ont fait de la nation française un peuple de fonctionnaires dont la plupart passent leur jeunesse à abaisser leurs caractères, et leur âge mûr à rabaisser celui des autres.

Tous les ressorts se sont ainsi détendus et les fonctions publiques qui devraient, à juste titre, honorer l'homme qui en est investi, ont perdu le respect auquel elles ont droit, parce que les hommes du devoir n'ont été que trop remplacés par les intrigants et les solliciteurs.

Ce sont les privilégiés qui, pour ressaisir le passé qui leur échappait après 1789, ont importé d'Angleterre la royauté constitutionnelle dont la France s'est sottement engouée sans s'apercevoir qu'elle se laissait emmaillotter, elle, nation essentiellement démocratique, dans les langes de l'aristocratique Angleterre. Aussi, qu'est-il arrivé?

Eblouie par la liberté politique dont jouissent les Anglais et n'apercevant pas ce que ce gouvernement couvre de servitude civile, trompée encore une fois par les habiles, la France a été de nouveau la proie des parasites, des privilégiés, et a vu plus que jamais les abus se multiplier.

Oh! je le sais, il n'y a plus de priviléges légaux, je viens de le dire; mais la double institution des députés et des sénateurs, les diverses assemblées, disposant sous une forme ou sous une autre, avec des pouvoirs sans limites et sans contrôle efficace des destinées de la France, ont créé dans son sein un nombre considérable de familles privilégiées par l'influence, les honneurs, les fonctions publiques et les richesses qui en découlent. Ces familles perpétuent ainsi dans notre société l'esprit de servilisme chez les uns, l'esprit de révolte chez les autres.

L'esprit de révolte! c'est bien sur lui que les politiques ont toujours compté pour consolider ou ressaisir leur puissance.

Les émeutes, suscitées par leurs roueries ou leur incapacité, ont, sous leur inspiration, fait croire aux esprits superficiels ou ignorants que la France avait besoin d'une main de fer pour être gouvernée.

Et cependant, quel est donc le pays qui ait donné plus constamment l'exemple du calme dans les élections et dans toutes les circonstances où le peuple a été appelé à exprimer sa volonté.

Non, mille fois non! la France n'est point ingouvernable; ce sont au contraire, ceux qui, depuis quatre-vingts ans, se sont emparés de sa direction, qui sont incapables de la gouverner.

Qu'ils se félicitent donc aujourd'hui de leur ouvrage, ces habiles politiques de tous les partis en présence de Paris mutilé, incendié et ensanglanté, par les exécrables bandits dont ils n ont su ni préserver ni purger la société.

C'est en trompant le pays pour l'asservir qu'on l'a toujours irrité et poussé à la révolte; c'est en l'administrant avec loyauté, fermeté et bienveillance qu'on en fera la nation la plus sage du monde.

Nous avons tous horreur du désordre, et c'est en se disant les amis de l'ordre que les politiques nous ont constamment trompés en accusant les hommes de liberté de tous les désordres.

Les hommes de liberté sont seuls les amis de l'ordre, eux seuls seront capables de le fonder définitivement, car ils sont seuls en possession de l'ordre moral que donnent le droit et la vérité dont les politiques ne parlent qu'avec hypocrisie.

Forts de la justice de leurs revendications, quelques-uns en ont malheureusement poursuivi la réalisation par la violence, sans refléchir, qu'en excitant les passions de la foule, ils mettaient en mouvement tous les mauvais instincts qui existent toujours dans une certaine mesure, parmi les hommes, et ont épouvanté ainsi le pays qui a reculé affolé, pour se jeter dans les bras des politiques toujours prêts à se poser en sauveurs.

La formidable et criminelle insurrection qui vient de faire tant de mal aura, sans aucun doute, affaibli bien des courages, troublé bien des esprits, fait douter plus que jamais de la liberté; mais qu'on y prenne garde? Les *Sauveurs* sont là, qui guettent la société pour en faire de nouveau leur proie;

et j'adjure ceux qui, confondant l'effet avec la cause, seraient tentés de se jeter de nouveau dans leurs bras, de bien réfléchir avant de se livrer.

Quand on pense à toutes ces choses, on croit réellement rêver et on ne peut pas comprendre que la société, maudissant les hommes de liberté qui l'auraient sauvée, se soit ainsi livrée aux *politiques* et aux *autoritaires* qui l'ont perdue après l'avoir corrompue pour la dominer plus facilement.

Il n'existe pas une nation au monde qui s'irrite plus que la France contre la duplicité, dont le cœur batte avec plus d'exaltation en faveur de la vérité, de la loyauté, des idées généreuses; ceux-là donc sont bien coupables qui ont méconnu ses véritables instincts en la dépravant en excitant ses appétits matériels, pour la pousser vers les spéculations honteuses, vers les profits sans travail.

Les politiques ont toujours craint la liberté qui, tôt ou tard, détruira leur funeste influence, ils ont donc toujours essayé de l'affaiblir en la divisant; ce sont eux qui ont inventé *les libertés !* — liberté de la presse, — liberté de la parole, — liberté des réunions, — liberté des cultes, etc., etc., comme si on pouvait diviser ce qui est indivisible! Aussi, en faisant et défaisant constamment les lois destinées à réglementer la pensée humaine, n'ont-ils abouti qu'à démoraliser le pays chaque jour davantage.

Les lois écrites, quoi que disent et fassent les politiques ne prévaudront jamais contre les lois naturelles. La pensée humaine est *insaisissable*; la contrainte seule peut la rendre dangereuse; les politiques, en voulant la réglementer, n'ont donc jamais abouti qu'à troubler la société.

Convaincu comme je le suis, par l'observation et la réflexion, que la société ne se sauvera que par la liberté, je suis tout naturellement conduit à conclure que le gouvernement *anonyme de la Souveraineté nationale*, le seul légitime, parce que lui seul est conforme au droit, est aussi le seul qui pourra désormais nous rendre l'ordre matériel en rétablissant l'ordre dans les idées; car si la France est assez sage pour le fonder enfin, elle n'aura jamais eu un gouvernement aussi fort pour lutter contre tout désordre, les derniers événements en font foi, ni aussi capable de réformer ses mœurs.

Les monarchies n'ont jamais été, depuis 1789, que le triomphe d'un parti sur un autre, aussi s'explique-t-on facilement qu'elles n'aient jamais pu admettre la liberté et que les politiques qui en sont le rouage indispensable aient dû inventer le système *des libertés possibles*, s'arrogeant ainsi dans un intérêt purement dynastique et sous le prétexte hypocrite de préserver la société contre le désordre, le droit de réglementer *la liberté*.

La *souveraineté nationale*, au contraire, n'a rien à craindre de la liberté; car ce qu'elle doit préférer à tout, c'est la vérité.

Les monarchies ont besoin de *gens habiles ;* la *souveraineté nationale* n'a besoin *que de gens sensés, bienveillants, fermes, honnêtes, désintéressés*, et c'est pour avoir laissé les habiles se mêler de ses affaires qu'elle a constamment succombé sous leur meurtrière étreinte.

Il ne faut pas se le dissimuler, les politiques qui ont eu le talent de se faire passer pour les sauveurs de la société en se donnant le nom de conservateurs, bien qu'ils n'aient jamais su conserver que leurs priviléges au grand détriment de la société, chercheront longtemps encore par leurs intrigues, à faire échec au *gouvernement national*, si la France ne comprend pas enfin par quel étrange abus des mots on lui a fait considérer ses ennemis comme ses amis et ses amis comme ses ennemis.

Laissons toutes les opinions, toutes les exagérations se produire librement, et confions-nous dans le bon sens public, qui saura bien séparer le bon grain de l'ivraie, faire justice des fous et des énergumènes.

La compression exalte les passions, donne prétexte à la révolte et souvent la justifie. La liberté, au contraire, la flétrit, lui enlève tout prétexte, et autorise toutes les mesures même les plus énergiques, pour l'arrêter et la châtier.

Sous un régime de liberté où tout citoyen peut exposer ses idées sans entraves, où les minorités peuvent toujours se faire écouter, où la nation tout entière peut exprimer sa volonté par le vote universel, quiconque veut imposer ses idées par la violence commet un crime injustifiable et doit être puni avec la dernière sévérité.

Sous le régime de la liberté, toute émeute, toute révolte doivent donc être réprimées d'une manière implacable dès leur début.

La première fois qu'un fait de cette nature se produira sous le régime de la souveraineté nationale s'exerçant enfin dans toute *la majesté des principes et de la vérité*, la société disposant alors d'une force matérielle et morale que n'ont jamais eue et que n'auront jamais les monarchies, il faudra que la répression soit assez énergique pour que les émeutiers, et même les curieux qui sont leurs plus puissants auxiliaires, ne soient plus jamais tentés de recommencer. Un acte de cette nature sauvera pour toujours la société qui récompensera par sa reconnaissance ceux qui, par leur énergie, auront ainsi fondé définitivement la véritable liberté.

CHAPITRE II

DE LA SOUVERAINETÉ NATIONALE ET DU VOTE UNIVERSEL.

§ 1. — *De la Souveraineté nationale.*

Dès le jour où les hommes ont vécu en société, s'est révélée l'autorité qui est de l'ordre naturel ; mais l'exercice du pouvoir n'a pu être confié à un ou plusieurs d'entre eux que par le consentement du plus grand nombre ; de là est née la souveraineté nationale.

Cette souveraineté s'affirme par la majorité des votes librement exprimés de tous les citoyens et chacun doit la respecter, à moins toutefois qu'elle ne porte atteinte au droit naturel, contre lequel ne pourront jamais prévaloir les lois écrites.

Le peuple peut déléguer sa souveraineté, mais seulement pour un temps court et limité, car les générations présentes ne peuvent engager les générations à venir, de même que l'usufruitier ne peut aliéner la propriété dont il a seulement la jouissance, autrement il y aurait un droit contre le droit, ce qui serait absurde ; il ne peut, conformément au droit commun, renoncer à contrôler incessamment et à révoquer ses mandataires, chaque fois qu'il le juge convenable.

A ce double point de vue, les monarchies passées et celles qui existent aujourd'hui ont toujours été, et sont encore, la négation du droit ; aussi pour donner le change sur leur usurpation, les monarques et leurs favoris, ont-ils imaginé de la légitimer en invoquant un prétendu *Droit divin* dont ils seraient bien embarrassés d'indiquer la source, à moins qu'ils ne veuillent prouver, ce qu'ils n'ont encore jamais osé faire, qu'ils le tiennent d'une révélation.

Au moyen de cette supercherie les légitimistes ont bien pu tromper les peuples dans l'enfance et les asservir, mais ils ne parviendront plus à faire accepter leurs dynasties à ceux qui se sont émancipés et qui réfléchissent.

Les monarchies du droit divin ont été et sont encore une force comme tout ce qui réunit l'assentiment tacite des peuples; c'est l'obéissance passive que donne l'habitude, nous venons d'en faire la triste expérience avec les Prussiens, mais les succès matériels qui en ont été souvent le résultat ne peuvent prévaloir contre le droit naturel et être opposés à une nation comme la nôtre, qui a soif d'indépendance et qui en poursuit la réalisation absolue au prix de luttes sanglantes, au prix des plus durs sacrifices.

Les classes de la société qui regrettent l'ancien régime fondé sur le droit divin et toutes les satisfactions de vanité et d'intérêt personnel que leurs pères en retiraient, ceux qui, de nos jours, se sont emparés à leur profit de la direction des affaires publiques ont seuls entravé, par leurs intrigues, la constitution définitive de la société nouvelle proclamée en 89.

En plongeant le pays dans des agitations perpétuelles, ils l'ont amoindri, démoralisé et lui ont enlevé toute sa force; ils pourront même conduire la France à son anéantissement complet si ces luttes sacriléges continuent; mais ils ne pourront jamais substituer d'une manière durable, la monarchie à la souveraineté nationale, parce que désormais, en France, rien ne pourra plus prévaloir contre le droit naturel, parce que, encore une fois, *il n'y a pas de droit contre le droit.*

Nos malheurs nous feront sans doute enfin comprendre aujourd'hui, que le droit seul nous conduira au salut et que la société doit réformer dans ses institutions tout ce qui lui est contraire.

§ 2. — *Du Vote universel.*

Le vote universel est conforme au droit, mais à tout droit correspond un devoir; celui du citoyen qui vote est, avant tout, de savoir ce qu'il fait; or, bien peu d'électeurs peuvent se rendre le témoignage qu'ils exercent leur droit d'une manière parfaitement consciente; c'est un écueil contre lequel s'est toujours heurtée la société et où elle finira par se briser si on n'y prend garde. J'indiquerai plus loin, quand je parlerai des élections, comment, suivant moi, la société pourrait se préserver d'un si grand danger.

CHAPITRE III.

DES RÉFORMES A FAIRE DANS L'ORDRE POLITIQUE.

§ 1. — *De l'Assemblée nationale.*

Si les Français avaient été bien imbus des principes que je viens d'exposer toute tentative de restauration monarchique, toute tentative d'établissement de monarchie nouvelle, eussent été impossibles.

Leurs représentants ne se seraient pas emparés d'un pouvoir sans limite, sans contrôle, irrévocable pendant de longues années, et les assemblées n'auraient pu disposer ainsi des destinées de la France, l'amoindrir, la ruiner par des guerres insensées, troubler enfin l'économie de ses institutions par des lois contraires à l'intérêt général.

Le droit civil ne reconnaît pas de mandat sans contrôle et sans limite, la raison seule suffirait pour le condamner; celui qui en donnerait un de cette nature serait considéré comme un fou et cependant, la société Française a trouvé tout naturel de faire, comme nation, ce qu'elle ne pardonnerait jamais au moindre particulier.

De ce premier et capital oubli du droit et des principes sont nés tous les malheurs de la France, aussi est-ce par la réforme radicale de la constitution de l'assemblée nationale qu'il faut commencer si nous voulons parvenir à introduire dans le gouvernement et dans les institutions les réformes propres à lui rendre sa vitalité.

Pour bien juger de la nécessité indispensable de réformer l'assemblée nationale, il faut se demander d'abord ce qu'est un député, comment son choix se justifie dans la conscience des électeurs, dans quelles conditions d'indépendance leurs votes sont exprimés? Nous verrons ensuite dans quelles conditions les députés doivent exercer leur mandat afin de conserver au souverain qui est le peuple, toute son autorité qu'il ne doit jamais aliéner pas plus que son droit de contrôler et de révoquer son mandataire.

Contrairement, sinon au droit, du moins aux convenances et à la moralité tout député commence par se poser en candidat.

Dans la vie privée on fermerait sa porte à un homme qui viendrait solliciter la faveur d'être le mandataire sans contrôle et sans limite d'une famille ou d'un particulier. En politique, où il est convenu qu'on peut agir en sens contraire du bon sens privé, on trouve cela tout naturel.

Un homme se pose comme candidat, ses intentions sont les plus pures, son patriotisme, son désintéressement ne connaissent pas de bornes; ses opinions politiques sont les seules qui assureront la prospérité publique; comment résister à de si nobles protestations?

On donne donc son vote au candidat, mais, qu'on y prenne garde, le député du lendemain ne sera déjà plus le candidat de la veille, car on l'aura investi d'un mandat sans limite et sans contrôle; on ne pourra plus le révoquer.

On lui aura donné cinq ans pour faire ses petites affaires, celles des meneurs qui auront soutenu sa candidature, celles du pays; qu'on ne s'étonne donc pas qu'il fasse d'abord les siennes, un peu aussi celles de ses patrons pour les retrouver favorables à l'époque de la réélection, et qu'il néglige les seules pour lesquelles il a été nommé député.

C'est ainsi qu'un grand nombre de représentants ont exploité et exploiteront toujours à leur profit, si l'on n'y avise, une situation contraire au droit, et ont constitué, par la succession des élections et des intrigues auprès des pouvoirs existants, une foule de petites dynasties privées faisant souche de députés, qui disposent exclusivement, comme je le disais en commençant, de l'influence, des honneurs, des fonctions publiques et des richesses qui en découlent.

Telles sont les conséquences de l'oubli du droit, dans lequel il faut se hâter de rentrer si on veut enfin faire cesser les abus qui dévorent la France.

§ 2. — *Nomination et pouvoirs de l'assemblée.*

D'après les considérations qui précèdent, voici ce que devrait être désormais, suivant moi, la nouvelle constitution de l'assemblée nationale :

Cette assemblée serait nommée, comme par le passé, par le vote universel, mais la durée de ses pouvoirs serait réduite à trois ans avec renouvellement partiel chaque année, par la réélection du tiers de ses membres. Ces pouvoirs seraient divisés en :

1° Pouvoir *législatif* pour le vote du budget et les lois d'intérêt particulier ;

2° Pouvoir *consultatif* seulement pour toutes les lois d'intérêt général qui devraient être approuvées par la majorité de tous les conseils électifs de France.

CHAPITRE IV.

POUVOIRS ET UTILITÉ DES CONSEILS ÉLECTIFS
(CONSEILS GÉNÉRAUX, CONSEILS MUNICIPAUX ET CONSEILS CANTONAUX *).

Les conseils électifs actuels (*conseils généraux et conseils municipaux*), qui n'ont eu jusqu'à ce jour que des attributions purement administratives, comme nous le verrons plus loin, deviendraient avec les conseils cantonaux dont je propose la création, des corps politiques.

Formés les uns et les autres, comme l'Assemblée nationale, par le vote universel, le tiers de leurs membres serait soumis chaque année, comme les siens, à la réélection.

C'est à eux qu'appartiendrait de sanctionner les lois votées à l'état purement consultatif par l'Assemblée nationale, mais ils n'auraient pas à les discuter de nouveau.

Les conseils municipaux de chaque canton, après les avoir repoussées ou sanctionnées, en votant par non ou par oui, adresseraient le résultat de leur scrutin au conseil cantonal. Ce conseil en ferait le recensement, émettrait son avis et transmettrait le tout avec le dépouillement de son propre scrutin, au conseil général qui, lui-même, opérant de la même façon, transmettrait le travail des conseils cantonaux et le sien propre avec son avis, à une commission centrale. Cette commission, formée par l'Assemblée nationale et prise dans son sein, serait chargée de centraliser tous les votes des conseils électifs de France, de les recenser et de les publier. Il en serait de même de tous les vœux qui pourraient être émis par les conseils généraux, par les conseils cantonaux ou par les conseils municipaux.

La commission centrale pourrait, par des considérations d'ordre et d'intérêt publics, renvoyer à leurs auteurs, en les engageant à y réfléchir de nouveau, toutes communications qui lui auraient été adressées par les corps électifs, et qui lui sembleraient exiger un nouvel examen.

Elle pourrait encore déléguer auprès de chacun d'eux des citoyens chargés de les éclairer sur toutes questions qui lui paraîtraient mal comprises, ou leur adresser dans le même but, toutes communications écrites ou imprimées.

Elle contribuerait puissamment ainsi, à faire l'éducation politique des conseils et celle du pays tout entier.

(*) Je n'indique pas les conseils d'arrondissement, car ils sont un rouage inutile qui doit être très-prochainement supprimé et je propose, pour les remplacer dans le mécanisme gouvernemental, les conseils cantonaux qui sont désignés depuis longtemps par tous les hommes qui s'occupent d'administration, comme nécessaires à la bonne marche des affaires du pays.

Les conseils électifs comprenant dans leur ensemble quatre à cinq cent mille membres seraient une éclatante manifestation de la volonté nationale. Par ce grand nombre de citoyens ses mandataires, par leur dissémination sur toute la surface de la France, par leur renouvellement partiel chaque année, ils échapperaient à toutes intrigues et à toute corruption.

Il y a en France onze millions d'électeurs, représentés par 500 mille membres des corps électifs environ, comme nous venons de le voir ; c'est une proportion de 4 à 5 0/0. Or, si cette proportion eût été établie uniformément pour ces conseils, on serait arrivé à une situation irréalisable pour les villes et surtout pour les grandes villes.

Paris, par exemple, qui possède 400,000 électeurs, aurait dû avoir ainsi de 16 à 20,000 membres dans ses conseils électifs, ce qui eût été absurde et impraticable. La loi a donc dû fixer des bases différentes suivant les localités, pour la formation des conseils généraux et des conseils municipaux, et il ne s'est pas présenté d'inconvénients jusqu'à présent, parce que ces conseils n'ont jamais eu à s'occuper que d'intérêts locaux.

Mais le jour où devenus corps politiques ils auraient à intervenir dans les intérêts généraux du pays, les votes de ces conseils devraient être proportionnels au nombre des électeurs inscrits.

Cette condition semble de prime abord irréalisable ; mais avec un peu de réflexion, on aperçoit vite combien il est facile de la réaliser en donnant aux votes de chaque conseiller agissant dans l'ordre des intérêts généraux une valeur proportionnelle au nombre d'électeurs qu'il représente.

Prenons trois exemples choisis dans l'ordre des élections municipales, en adoptant pour base la proportion de 5 0/0 des électeurs inscrits :

Paris, — une commune rurale moyenne, — une très-petite commune.

Paris possède, avons-nous dit, 400,000 électeurs. La proportion de 5 0/0 lui donnerait droit à 20,000 représentants, mais son conseil municipal ne comprenant que 80 membres, le vote de chacun de ses membres vaudrait le quatre-vingtième de 20,000 ou 250 voix dans le recensement général des votes de toute la France.

Une commune rurale, moyenne, comptant 300 électeurs, ayant droit par conséquent à un conseil municipal de 15 membres, et l'ayant effectivement, aurait des conseillers à une voix chacun.

Une très-petite commune n'ayant que 100 électeurs qui ne lui donneraient droit qu'à 5 conseillers, mais qui en aurait cependant dix (c'est le plus petit nombre fixé par la loi) aurait des conseillers ne pouvant disposer que d'une fraction de voix, et cette fraction serait dans l'espèce 0,50 ou une demi-voix.

Ces règles, qui ne porteraient aucune atteinte aux attributions actuelles des conseils électifs, permettraient à ces conseils d'exercer leurs nouvelles attributions politiques et d'intervenir dans les intérêts généraux du pays, en observant la proportionnalité des électeurs inscrits.

Si l'on veut bien y réfléchir, on verra combien serait simple l'organisation que je viens d'exposer, si surtout on fixait toutes les réélections annuelles au même jour et à l'époque de l'année où les travaux de l'agriculture sont le moins nombreux ; au mois de mai, par exemple.

Véritables et incontestables conservateurs de la souveraineté nationale qui ne doit jamais abdiquer, les conseils électifs contrôleraient efficacement ainsi et maintiendraient dans le devoir les députés et tous ceux qui ont une part quelconque dans l'administration du pays. Ils surveilleraient en outre les abus et en poursuivraient le redressement devant toute autorité compétente.

Ils constitueraient leur bureau, feraient leur réglement intérieur, fixeraient leur ordre du jour, se réuniraient quand et comment ils l'entendraient.

Leurs séances ne seraient pas publiques ; mais toutefois, procès-verbal serait dressé de chacune d'elles, pour être publié ou communiqué à tout requérant.

Ils auraient le droit d'examiner et de discuter toutes questions politiques, économiques ou autres, d'émettre leurs avis, de formuler tous vœux.

Leurs réunions seraient inviolables.

Ils auraient enfin la plus entière liberté d'examen et de discussion ; leur liberté pouvant seule assurer la tranquillité publique en leur donnant une véritable autorité morale.

Les conseils électifs seraient pour le pouvoir exécutif un moyen puissant, rapide, vrai, honnête, de connaître chaque fois qu'il le jugerait convenable, l'état de l'opinion publique, soit sur une question spéciale, soit sur l'ensemble général des affaires du pays.

Les minorités n'auraient plus alors la prétention qu'elles ont toujours eue de représenter l'opinion publique, et, écrasées par l'évidence, elles n'oseraient plus, par des troubles et des luttes à main armée, s'exposer à une répression implacable qui serait sanctionnée par l'opinion générale.

Ils seraient aussi, pour le pouvoir exécutif, un merveilleux instrument d'information sur les hommes, sur les choses, et la société découvrirait ainsi en dehors des sollicitations, des recommandations, ces hommes que Diogène cherchait en plein midi une lanterne à la main dans les rues d'Athènes.

Aujourd'hui, comme à cette époque, les hommes sont rares, mais si le pouvoir exécutif dispose jamais du nouveau corps politique que formeraient les conseils électifs, et qu'il sache s'en servir, il aura entre les mains une lanterne autrement puissante que celle de Diogène.

Enfin, et ce n'est pas le moindre des avantages de l'institution que je propose ; les corps électifs feraient circuler dans la masse de la nation la vie politique qui élèverait sa dignité, sa moralité et lui donnerait la force nécessaire pour triompher, sans secousse, des hommes qui l'ont toujours trompée pour l'exploiter (1).

(*) Il doit y avoir en France aujourd'hui, si on tient compte des conséquences de la guerre, à peu près :

36,000 communes et leurs conseils municipaux composé de 12 membres chacun en moyenne ; 2,900 cantons formés chacun de 12 communes environ qui enverraient à ces conseils deux représentants par commune ; 86 départements ayant chacun son conseil général composé de 34 conseillers, en moyenne, à raison d'un représentant par canton.

Il y aurait ainsi en France :

  452,000 conseillers municipaux,
   69,600 conseillers cantonaux,
    2,924 conseillers généraux.

  504,524 Ensemble des membres composant les corps électifs, non compris l'Assemblée nationale.

Ces chiffres démontrent avec quelle facilité pourrait fonctionner le système proposé et avec quelle rapidité les corps électifs pourraient échanger leurs communications, puisque l'examen des affaires se bornerait :

Pour les conseils cantonaux à 12 dossiers provenant des communes de leur circonscription.

Pour les conseils généraux à 34 dossiers provenant de tous les conseils cantonaux de chaque département.

Et pour la commission centrale siégeant à l'Assemblée nationale, à 86 dossiers provenant de tous les conseils généraux de France.

CHAPITRE V.

DES ÉLECTIONS.

§ 1er. — *Principes généraux.*

A vingt et un ans, tout citoyen est électeur en France, sauf ceux qui sont frappés d'indignité légale ; mais les cas d'indignité ne sont pas assez étendus, ils devraient atteindre tous les gens vicieux, comme nous le verrons plus loin.

Le législateur a-t-il été, toutefois, bien inspiré quand il a confondu dans la même limite d'âge la majorité de l'homme privé et celle du citoyen ; il est permis d'en douter. Quant à moi, je pense que la majorité politique ne devrait être fixée qu'à vingt-cinq ans au moins, car la raison de l'homme n'a véritablement acquis toute sa maturité qu'à cet âge, et cela est si vrai, que la loi civile ne lui permet pas de contracter mariage, cet acte le plus important de sa vie, sans le consentement de sa famille.

A tout droit correspond un devoir, comme je l'ai déjà dit : celui de l'électeur est de remplir son mandat ; aucun électeur ne devrait donc pouvoir se soustraire impunément à ses devoirs civiques.

La loi rend obligatoire les fonctions de juré, elle impose le serment au citoyen appelé à juger un accusé, pourquoi n'en serait-il pas ainsi de l'électeur ?

Je voudrais que l'abstention fût frappée d'une pénalité et que l'électeur prêtât le serment suivant au moment de voter :

Je jure, en déposant mon vote, de n'avoir en vue que l'intérêt du pays et de n'être conduit, dans l'exercice de mes droits civiques, par aucune considération d'affection ou d'intérêt personnel.

Ce serment qui d'abord affirmerait le principe de liberté, aurait en outre l'avantage de rappeler, dans toutes les circontances de la vie nationale, tous les citoyens au sentiment du devoir.

A ce point de vue, il devrait être exigé de tous ceux qui ont à exprimer des votes dans toutes les circonstances administratives aussi bien que politiques.

On nous a toujours trop parlé de nos droits et pas assez de nos devoirs ; le devoir est pourtant le conservateur naturel du droit, que tout nous y rappelle donc désormais.

Que la mère l'enseigne à son enfant dès les premières lueurs de sa raison, que l'instituteur en fasse la base de son enseignement, que toutes nos institutions le proclament et nous verrons notre nation, devenue si sceptique par l'immoralité ou l'incapacité de ses gouvernants, se *retremper dans la foi du devoir, source de toute morale et de tout patriotisme.*

§ 2. — *Des Candidats.*

Il ne suffit pas que les électeurs soient ramenés au sentiment du devoir, il faut encore qu'ils puissent s'éclairer sur les choix qu'ils ont à faire, et rien dans nos institutions ne leur en donne la possibilité, de telle sorte que nul électeur ne pourrait, aujourd'hui, pas plus que dans le passé, affirmer, même dans les petites villes et dans les campagnes où tout le monde est sensé se connaître, qu'il sait parfaitement : la moralité, le caractère, la tendance politique du candidat pour lequel il a voté. C'est ainsi que le sort de la France a toujours été livré au hasard.

Dans la vie privée, quand nous voulons attacher quelqu'un à notre personne, à notre maison, à nos intérêts, nous allons aux renseignements, nous nous procurons même, s'il le faut, l'extrait des casiers judiciaires de la personne qui se recommande à nous.

En politique, qui songe à ces misères? qui s'avise de fouiller le passé d'un candidat, de savoir son caractère, la générosité ou l'égoïsme de ses idées? Il porte un drapeau, il crie bien fort, cela suffit aux partis qui font chorus avec lui, car l'esprit de parti, c'est la passion ; et vous, électeurs de toutes les classes, qui n'appartenez à aucun parti, à aucune coterie, qui ne voulez que le bien de votre pays, vous tous enfin qui serez la force quand vous le voudrez, parce que vous êtes le nombre et le désintéressement, vous vous laissez duper par un intrigant dont vous faites un député qui fera ses propres affaires, vous pouvez bien y compter, mais qui se moquera, soyez-en sûrs, de celles pour lesquelles vous l'aurez envoyé à l'assemblée. De quel droit vous plaindrez-vous ensuite du trouble qui agite perpétuellement la société?

C'est ainsi que nous avons vu maintes fois les intrigants, les malhonnêtes et les égoïstes entrer dans nos assemblées délibérantes; c'est ainsi que tout récemment, nous avons vu dans la garde nationale, des grades, et des plus élevés, confiés par l'élection à des hommes flétris, à des réclusionnaires, à des galériens libérés. Il faut pourtant que tout cela finisse si nous voulons recouvrer notre dignité et notre tranquillité.

Pour que les élections se fassent en toute connaissance des hommes et des choses, il ne faut pas compter sur les réunions publiques électorales; nous savons tous ce qui s'y passe. C'est au moyen de ces réunions qui ne contrôlent rien et n'examinent rien que triomphent les phraseurs et les intrigants.

Quel est celui d'entre nous qui, après avoir assisté à la confection d'une liste électorale, soit dans les réunions préparatoires, qui sont toutes autant de petites églises, soit dans les réunions publiques, a pu se dire : « me voilà » bien renseigné sur les candidats qu'il s'agit de nommer et ma conscience » me rend ce témoignage que j'accomplirai mon devoir de citoyen en parfaite » connaissance de cause. »

Non ! mille fois non ! dans l'état actuel des choses, les électeurs ne votent pas d'une manière parfaitement consciente ; voilà pourquoi le sentiment public n'est jamais satisfait et que les assemblées n'ont jamais été investies de cette autorité morale qui fait la véritable force d'un gouvernement.

Discuter les personnes est une chose fort délicate et les réunions publiques seront toujours impuissantes à déterminer la moralité, le caractère des candidats ; tout au plus peuvent-elles apprécier les idées exposées par un orateur, mais comment être sûr de sa sincérité si sa valeur morale reste inconnue?

Si on veut enfin obtenir une assemblée qui représente d'une manière indiscutable les intérêts et les tendances du pays, il faut que tout électeur puisse acquérir la certitude avant de donner sa voix à un candidat, que non-seulement les opinions de ce candidat sont sincères, mais qu'il a en outre les qualités morales qui font l'homme de bien, le député honorable.

Comme chaque électeur ne peut faire par lui-même l'enquête propre à l'éclairer sur la valeur des hommes, cette enquête devrait faire l'objet d'une institution.

CHAPITRE VI.

DU SÉNAT.

Si je consacre un paragraphe au Sénat, ce n'est pas que j'entende en proposer le rétablissement, je m'empresse de le dire, car cette institution serait en contradiction absolue avec la réforme du Corps législatif que j'ai proposée dans le § 1er du chapitre III; mais elle a joué, cette institution, tantôt sous un nom, tantôt sous un autre, un rôle si considérable et souvent si funeste, que je me vois bien forcé de lui donner une place dans cette discussion, d'autant mieux que sa restauration fait partie, dit-on, du programme des politiques qui espèrent encore ressaisir la direction des affaires publiques.

Suivant les politiques, le Sénat est la réunion des illustrations du pays; sa dotation est la récompense ce leurs éminents services; — il est le conservateur de la liberté, de la constitution; — il est, par son dualisme avec le Corps législatif, le modérateur des entraînements de ce dernier :

Mais en fait, le Sénat a toujours été tout autre chose sous tous les gouvernements,

Il a toujours eu dans son sein plus de médiocrités que d'illustrations; sa dotation a plus servi à payer les services rendus au monarque, dont ses membres étaient les créatures, que ceux rendus au pays; il n'a jamais su conserver ni la liberté, ni la constitution; et son dualisme avec le Corps législatif n'a jamais fait qu'exciter les passions; aussi a-t-il toujours nui à la société sans jamais avoir su, de nos jours, pas plus que dans le passé, sauver aucun gouvernement, car, par sa nature et sa composition, il n'a jamais été et ne sera jamais qu'un instrument dans les mains des politiques et des habiles.

Les maréchaux militaires ont perdu le premier Empire, nous venons de voir ce qu'ils ont fait du dernier.

Les sénateurs, qui sont, après tout, des maréchaux civils, ont perdu et perdront tous les gouvernements, comme ils tueront la République, si elle a le malheur de compter le Sénat parmi ses institutions.

Ceci est facile à expliquer : un sénateur, illustre ou non, est un homme parvenu au bout de sa carrière, au sommet des honneurs, n'aspirant, par conséquent, qu'au repos.

Quand un homme vient de faire un long voyage, son premier besoin est de se reposer, c'est une loi de la nature; eh bien! un maréchal, qu'il soit civil ou militaire, est un homme arrivé; on peut sans doute le consulter, mais on ne doit plus l'employer activement; et c'est en faussant cette loi naturelle que les politiques habitués à en fausser tant d'autres, ont forgé un instrument détestable, arme à deux tranchants blessant aussi bien celui qui attaque que celui qui se défend.

S'il est naturel à l'homme de se reposer quand il est fatigué, c'est aussi le propre de sa nature de jouir en paix des honneurs, des richesses et de l'influence qu'il a conquises pour en disposer à son profit, au profit de sa famille et de ses amis.

Sa vanité flattée de compter autour de lui de nombreux solliciteurs qui viendront les uns après les autres abaisser leur caractère devant sa suprême dignité, l'entraîneront toujours à protéger ces flatteurs qui franchiront ainsi avec son aide les degrés des fonctions publiques et des honneurs, au détriment de plus méritants qu'eux.

Par toutes ces considérations, le Sénat doit disparaître des institutions des peuples et de la France en particulier.

CHAPITRE VII.

DU POUVOIR EXÉCUTIF ET DE LA CONSTITUTION.

La France a été jusqu'à ce jour beaucoup trop gouvernée.

Dans les affaires privées, aussi bien que dans les affaires publiques on sent toujours l'étreinte de l'administration.

Nous vivons sous l'empire d'une foule de lois préventives et administratives qui blessent et gênent les honnêtes gens sans arrêter les malhonnêtes; il faut que toutes ces lois soient revues et réformées dans toutes leurs dispositions qui entravent la liberté privée aussi bien que la liberté politique et que l'action du pouvoir exécutif soit ramenée à ces simples termes :

Faire respecter et observer les lois;

Protéger nos frontières, nos personnes et nos fortunes.

Ne considérer dans ses rapports avec les hommes que quatre espèces de gens:

Les honnêtes et les malhonnêtes;

Les bien-élevés et les mal-élevés.

Les politiques en ont trouvé une cinquième: celle des administrés, et ce devait être puisqu'ils se sont toujours donné pour tâche de supprimer ou de fausser tout ce qui est naturel !

Ils ont fait ainsi des *agissants,* ces hommes qui sont la véritable force des nations, les hommes liges de leur nouvelle féodalité et personne ne peut rien entreprendre sans subir leur morgue, leur vanité ou leur insuffisance.

A ces fâcheux contacts les amours-propres froissés se révoltent; les ressentiments, les haines s'accumulent, et c'est ainsi que la société a passé successivement par tant de révolutions pour retomber toujours dans les mains de ces habiles qui, tels que des vampires, ne la lâcheront qu'après lui avoir sucé jusqu'à la dernière goutte de son sang si on ne l'en débarrasse enfin.

Les politiques dont le règne est si menacé aujourd'hui ne lâcheront pas facilement leur proie, et malheur, trois fois malheur au gouvernement de la *Souveraineté nationale* et à la société tout entière s'ils interviennent dans sa constitution.

Quand je dis *constitution,* il ne faut pas se méprendre sur ma pensée; j'entends constituer la société, mais Dieu me garde de songer à cette chose ridicule à force d'être impuissante, que l'on nomme *Constitution* et que les habiles ont successivement inventée, modifiée et reprise pour la refaire encore, sans aucun résultat.

Bornons-nous à affirmer de nouveau les grands principes proclamés en 1789.

Proclamons en outre :

Que nulle loi écrite ne peut prévaloir contre le droit naturel ;

Que la liberté est le droit de tout faire, excepté ce qui nuit à autrui ;

Que l'émeute est un crime de lèse-nation ;

Que les minorités ont toujours le droit de se faire entendre ;

Que le principe d'autorité réside dans le peuple seul, représenté par le vote universel.

Que le peuple peut déléguer son autorité, mais seulement pour un temps court et limité, en se réservant le droit, qu'il ne peut et ne doit jamais aliéner, de contrôler et de révoquer ses mandataires ;

Que tous les citoyens, sans exception, sont soumis au droit commun.

L'application de ces principes ne peut pas faire l'objet de ce que l'on est convenu d'appeler une Constitution, toujours déclarée immuable et toujours changée, modifiée et supprimée le lendemain.

J'ai proposé dans les chapitres III et IV de confier aux conseils électifs la garde du droit et des principes; si on trouve mieux j'en serai bien heureux pourvu que la France mette à jamais le droit naturel à l'abri de toute usurpation, et qu'elle sorte enfin du cercle vicieux autour duquel elle ne cesse de tourner sans pouvoir trouver sa véritable voie.

Je ne m'explique pas que l'on puisse hésiter à faire quelque chose de nouveau, quand je pense aux douleurs et aux sacrifices qui ont accablé jusqu'à ce jour mon malheureux pays.

Osons donc marcher hardiment en avant, au lieu de retourner constamment en arrière pour recommencer toujours la même chose. Le risque ne sera pas plus grand, dans tous les cas, et nous pourrons très-probablement arriver au port, j'en suis convaincu quant à moi.

La nouvelle organisation sociale telle que je la comprends serait bien simple, car elle ne comporterait que deux éléments.

La souveraineté nationale, édictant les lois, n'abdiquant jamais et surveillant toujours ses mandataires.

Un chef de pouvoir exécutif chargé, sous sa responsabilité de droit commun, de faire exécuter et respecter les lois.

Ce chef du pouvoir exécutif serait nommé par la majorité des conseils électifs sur la proposition de l'assemblée nationale qui pourrait toujours le suspendre, et provoquer sa révocation par la majorité de ces mêmes corps électifs.

Pour le fonctionnement régulier de ces institutions, il n'est besoin ni de gens habiles, ni de roués; le bon sens, l'honnêteté, le désintéressement, la bienveillance doivent suffire à la tâche.

CHAPITRE VIII.

DES RÉFORMES ADMINISTRATIVES.

Je me suis appesanti longuement sur les principes généraux de la souveraineté nationale, mais cela m'a paru nécessaire, car à cette souveraineté seule il appartient de réformer l'ensemble des institutions du pays.

Je serai plus bref dans l'examen des moyens administratifs propres à amener les réformes qu'exige aujourd'hui l'état de notre société; car autrement je dépasserais les bornes de cette étude dans laquelle je me suis surtout donné pour but d'affirmer les principes, de déterminer la base véritable de l'autorité et de régler le fonctionnement de la souveraineté nationale. Cette autorité saura bien avec le temps améliorer tout ce qui devra être réformé.

§ 1er. — *Principes touchant à l'administration en général.*

1° L'administration doit être à tous les degrés :
Bienveillante, polie, prévenante, désintéressée et patiente avec le public auquel elle se doit entièrement car tout fonctionnaire en est le serviteur.

En conséquence, il faut faire cesser l'abus que les fonctionnaires de tous les degrés se sont habitués à faire de leurs antichambres où souvent attendent, hors de toutes convenances et de raison, les personnes qui ont à leur parler.

Des heures, des demi-journées se passent ainsi pendant lesquelles les pauvres patients s'irritent. Que de mécontentements, que de haines souvent, naissent chaque jour dans ces cruelles attentes, contre le fonctionnaire que l'on maudit, contre l'administration tout entière, contre le gouvernement lui-même.

Personne ne devrait attendre plus d'un quart d'heure, dans une antichambre, sans que le fonctionnaire qu'on est venu trouver ait adressé la parole à chacun, soit pour lui donner satisfaction en quelques mots, soit pour le prévenir qu'il se verra forcé de le faire attendre, soit pour l'inviter à venir un autre jour.

Tout cela est possible et doit être : il suffit d'un peu de tact et de savoir-faire inspirés par la bienveillance et le sentiment du devoir.

Tout homme qui ne possède pas ces qualités ne peut faire partie d'une administration, quel que soit d'ailleurs son mérite.

J'insiste sur ce principe parce qu'il a toujours exercé une action considérable sur le mouvement des esprits et sur le sort de la société, ainsi que je chercherai à le démontrer plus loin quand j'aborderai la question des réformes sociales.

2° Le pouvoir exécutif doit éclairer constamment le pays sur toutes les questions politiques et économiques qui l'intéressent; mais il ne doit jamais peser sur les élections au moyen de ses agents, car le vote universel, expression de la souveraineté nationale, est la voix de son maître auquel il doit respect et obéissance.

3° Les fonctions publiques ne doivent jamais être entre les mains d'un fonctionnaire un moyen de faire fortune, autrement il forfait à l'honneur.

4° Toute fonction, tout avancement ne doivent être acquis qu'au mérite.

Pour donner une sanction sérieuse à ce principe il faudrait que tout jeune homme qui veut entrer dans une administration quelconque, civile ou militaire, subît non-seulement un examen, comme cela se passe aujourd'hui, mais encore que cette formalité se renouvelât pendant tout le cours de sa carrière, avant de franchir un nouveau degré.

En quittant les bancs, un jeune homme a plus ou moins bien appris ce qui lui servira plus tard à connaître la pratique des hommes et des choses; on ne peut donc lui demander, dans un premier examen, que ce qu'il sait des moyens d'apprendre.

Mais à mesure qu'il avancera dans sa carrière, ce sera bien autre chose; il faudra qu'au moment de franchir un nouvel échelon, il prouve que non-seulement il n'a rien désappris, mais qu'il a acquis, en outre, par la pratique de la vie et des places qu'il aura occupées, tout ce qu'il doit savoir pour remplir dignement la fonction nouvelle qui fait l'objet de son ambition.

L'examen oral et écrit sera dès lors insuffisant, et il faudra qu'indépendamment de cet examen, une enquête fasse connaître la valeur de l'homme; car on peut être fort instruit de la science des autres, mais fort peu de la sienne propre.

Savoir est beaucoup sans doute, mais savoir faire est mieux encore.

Entre deux hommes dont l'un est plus instruit et sait moins faire et l'autre qui l'est moins et sait plus faire, il n'y a pas à hésiter en administration, c'est au dernier qu'on doit la préférence, car le savoir-faire implique la connaissance des hommes et des choses que l'instruction seule ne peut pas donner.

L'homme de simple savoir pourra bien posséder des connaissances très-étendues, mais il ne saura pas en tirer parti; l'homme de savoir-faire, au contraire, saura peut-être beaucoup moins, mais il saura admirablement la science qu'il est chargé d'utiliser, il saura toujours en tirer le meilleur parti.

La valeur des candidats serait constatée par un jury dont les séances seraient publiques pour tous les employés et fonctionnaires, afin de donner à ce jury un grand caractère d'impartialité.

La valeur d'un homme ne pouvant être déterminée par le premier examen qui précède son entrée dans une administration, il serait juste qu'aucun employé ne devînt titulaire qu'après l'épreuve du deuxième.

Cette mesure détournerait les incapables des administrations; elle éliminerait ceux qui auraient trop préjugé de leurs forces et ferait cesser enfin, le scandale des protections et avec elles les passe-droits et les faveurs qui en sont la conséquence.

Le mode d'examen et d'enquête du jury varierait naturellement suivant l'âge, la fonction et le grade des candidats, mais il serait une barrière infranchissable aux incapacités et chacun subirait ainsi, comme partout dans ce monde, la loi de sa propre nature.

Le temps, l'ancienneté donnent incontestablement des droits à la bienveillance des administrations, la position de tout employé, de tout fonctionnaire, doit être améliorée à mesure qu'il vieillit dans son service, mais l'avancement hiérarchique ne peut et ne doit jamais être un moyen de récompense.

La hiérarchie a toujours été une véritable plaie pour nos administrations civiles et militaires et il faut la faire cesser à tout prix en n'accordant l'avancement qu'au mérite.

Il ne faudrait même pas hésiter à rendre l'avancement très-rapide quel que fût l'âge ou l'ancienneté d'un candidat, chaque fois qu'il s'agirait d'un sujet d'une valeur incontestable, dès le moment surtout que cet avancement sanctionné par le jury ne pourrait être taxé de favoritisme.

Les augmentations d'appointements doivent seules récompenser le simple accomplissement du devoir.

Dans les conditions que je viens d'exposer, l'administration conquerrait une puissance morale qui ferait sa force et chaque fonctionnaire trouverait dans l'estime et la considération publiques la récompense de ses travaux.

5° Personne ne peut être juge et partie dans sa propre cause.

Les corps spéciaux, les comités, les commissions, tous les corps enfin qui peuvent être chargés d'examiner des questions spéciales, ne devraient avoir d'autre mission que celle de les envisager au point de vue de l'utilité publique; mais l'étude des projets et leur exécution devraient être mises au concours.

Les concours seraient jugés par un jury spécial dont les membres seraient désignés chaque année par l'Assemblée nationale. Les séances de ce jury seraient publiques.

A ces conditions, les affaires du pays seraient bien faites et aussi économiquement que possible.

6° Tout Français, quel qu'il soit, doit être soumis au droit commun, en conséquence, l'article 75 de la Constitution de l'an VIII, qui fait exception à ce principe en faveur des fonctionnaires publics, doit être abrogé.

§ 2. — *De l'Administration.*

La puissance souveraine, telle que nous l'a léguée le passé, se compose encore aujourd'hui:

D'une assemblée nationale agissant sans contrôle et votant toutes les lois.

D'un pouvoir exécutif disposant de toutes les forces vives et de tout le personnel administratif, judiciaire et militaire de la France et, au moyen des lois encore existantes et de ses réglements, touchant à tous les intérêts moraux et matériels du pays, de telle sorte, que nul ne peut parler, écrire et agir sans sentir la main de l'administration.

A côté de l'administration, mais sous son contrôle et sous sa surveillance incessante, les intérêts départementaux et municipaux sont administrés par les conseils généraux, secondés par les conseils d'arrondissement, n'ayant que des attributions consultatives et par les conseils municipaux composés les uns et les autres de membres élus par le vote universel, il est vrai, mais renfermés dans un cercle de contrainte qui ne leur permet de se réunir qu'à des époques déterminées ou qu'avec le consentement du pouvoir.

Ces conseils ne choisissent ni leurs présidents, ni leurs maires dont la nomination est à la discrétion du pouvoir et leurs attributions sont tellement restreintes aux intérêts purement matériels du département et de la commune qu'il leur est interdit de toucher à aucune question politique, économique ou sociale, même en exprimant de simples vœux (*).

Les anneaux de cette chaîne, que la liberté n'a jamais cessé de traîner qu'en frémissant, sont formés des préfets, et des sous-préfets leurs auxiliaires.

C'est cette organisation de fer qu'il va falloir briser et modifier profondément si on veut détruire les abus qu'elle a nécessairement engendrés.

La première des réformes à faire est celle de l'assemblée nationale et du pouvoir exécutif; je ne reviendrai pas sur cette question que j'ai déjà traitée dans les chapitres III, IV et VI.

Doivent venir ensuite toutes les réformes administratives ayant pour objet de modifier et de supprimer tous les rouages en désaccord avec la réforme politique du pays et la décentralisation qui en sera la conséquence.

Je n'entreprendrai pas l'étude de toutes ces réformes quelque imminentes et nécessaires qu'elles soient, parce qu'elles se réaliseront par la force naturelle des choses; je vais donc me borner à indiquer rapidement celles qui préoccupent plus particulièrement l'opinion publique.

§ 3. — *Des Préfets.*

Les préfets ont toujours été et sont encore aujourd'hui des hommes politiques, des instruments de monarchie; la Souveraineté nationale, elle, au contraire, n'a besoin que d'administrateurs, il faut donc que les attributions de ces fonctionnaires soient profondément modifiées, et que leur personnel soit naturellement tiré d'un autre milieu que celui dans lequel on est allé le chercher jusqu'à ce jour.

(*) La nouvelle loi municipale qui vient d'être votée a un peu modifié la loi ancienne, notamment en ce qui concerne la nomination des présidents, des maires et des adjoints, mais elle n'en reste pas moins une institution monarchique donnée à la république !

Chargés, avant tout, d'administrer leur département, leur choix et leur nomination doivent appartenir au conseil général.

Conservateurs, en outre, des lois et des réglements d'intérêt public et se rattachant ainsi au pouvoir central pour tout ce qui concerne l'exécution de ces lois et réglements, ils relèvent, à ce titre seulement, du pouvoir exécutif qui doit avoir toujours le droit d'en requérir la révocation et le changement devant le conseil général ; sauf recours, en cas de désaccord, à l'Assemblée nationale qui jugerait en dernier ressort.

§ 4. — *Des Conseils généraux, des Conseils cantonaux et des Conseils municipaux.*

J'ai expliqué dans le chapitre IV le rôle politique que les conseils électifs auraient à jouer dans les nouvelles institutions du pays, mais ils ne continueraient pas moins, comme par le passé, à administrer les intérêts locaux dont ils ont toujours été les représentants.

Les conseils cantonaux dont je propose la création remplaceraient avantageusement ceux d'arrondissement. Le représentant du canton au conseil général serait membre de droit du conseil de ce canton.

Toutefois, la durée des pouvoirs des membres des conseils électifs m'a paru devoir être modifiée en raison des nouvelles attributions dont ils seraient investis.

Représentants désormais de la puissance souveraine, qui ne doit jamais abdiquer, il m'a paru conforme à ce principe de soumettre chaque année ces conseils au contrôle du vote universel, par un renouvellement partiel, et j'en aurais même proposé le renouvellement complet chaque année, si ce renouvellement intégral eût pu se concilier avec la nécessité de conserver, au point de vue administratif, la tradition nécessaire à la bonne marche des affaires des départements et des communes.

§ 5. — *Des Maires.*

Les maires et les adjoints seraient choisis parmi les membres du conseil municipal. Ce conseil les nommerait et les révoquerait au besoin, sauf recours de leur part devant le conseil général. (*).

Ils continueraient, comme par le passé, à administrer les intérêts de la commune et à pourvoir, sous la direction du pouvoir exécutif, à l'exécution des lois et réglements.

§ 6. — *De l'Instruction primaire.*

L'instruction primaire doit être obligatoire et gratuite.

Obligatoire, parce que l'homme qui vient au monde a droit à la vie de l'intelligence aussi bien qu'à la vie du corps, et que le père a le devoir de donner satisfaction à ce droit naturel.

Un père de famille qui laisserait mourir de faim son enfant serait puni

(*) La nouvelle loi municipale qui vient d'être votée exclut du droit de nommer les maires et adjoints toutes les communes au-dessus de 20,000 âmes ; c'est une loi monarchique.

par nos lois, pourquoi ne le puniraient-elles pas de n'avoir pas nourri son intelligence?

L'homme naît, comme on le voit, avec des droits, avant d'avoir des devoirs; qui le protégerait alors contre ceux qui, arrivés à l'âge du devoir ne l'exercent pas envers lui, si ce n'est l'État?

La société est ainsi le subrogé tuteur de l'enfant; son devoir est de veiller à ce qu'il ne souffre pas plus dans ses besoins intellectuels que dans ses besoins matériels; et comme tout nouveau-né qui deviendra plus tard un homme est pour elle un capital qu'elle ne doit laisser ni péricliter ni périr, elle a le droit d'obliger le père de famille à envoyer son enfant à l'école si, surtout, elle lui en fournit le moyen.

A côté du devoir qui est imposé à la société envers l'enfant, il en est un autre qu'elle a trop négligé jusqu'à ce jour, je veux parler de la sollicitude qu'elle doit avoir sans cesse, pour ces hommes modestes et pourtant si pleins de mérite qui ont accepté la tâche pénible d'instruire l'enfance et la jeunesse. Leurs intérêts ont toujours été trop sacrifiés, ceux des pauvres instituteurs en particulier; leur considération, dans un pays comme le nôtre où nos mœurs corrompues honorent surtout ce qui brille, en a été atteinte et ils ne jouissent pas parmi nous de la somme d'égards à laquelle ils ont droit.

Les hommes qui, à tous les degrés, se vouent à l'instruction publique, ont entre leurs mains tout l'avenir des sociétés, ils devraient à ce titre être entourés de la plus haute considération publique et malheureusement c'est ce qui n'a pas lieu.

Que l'État, que chacun de nous, en particulier honore donc ces hommes, leur influence morale augmentera au profit de la société; cette dernière verra ainsi venir à elle bien des gens de savoir, de caractère, qui s'en tiennent éloignés; et disparaître ceux d'une éducation douteuse.

Quant à moi, pénétré des services immenses que rendent et rendront plus que jamais au pays les hommes de l'instruction, je salue doublement en eux l'éducateur et le citoyen, car ce sont eux qui, par l'enseignement du devoir, du respect que l'homme se doit à lui-même, rapprocheront entre elles toutes les classes de la société en élevant les unes sans abaisser les autres.

Indépendamment de l'éducation morale, l'instruction devrait comprendre aussi, et dans une large part, l'éducation physique, car si l'État a besoin d'hommes intelligents, il a un égal besoin qu'ils soient agiles et vigoureux.

Plus on examine l'état actuel de notre société, plus on réfléchit, plus on éprouve un sentiment douloureux en découvrant à tous instants dans nos lois, dans nos institutions, dans nos mœurs une atteinte, tantôt au droit naturel, tantôt au simple bon sens, tantôt aux lois de la nature.

Comment, nous voyons de tous côtés les hommes se préoccuper de l'amélioration des animaux, les savants faire de profondes études, l'État fonder des institutions, donner des primes d'encouragement, les agriculteurs étudier le croisement des races, les modes de nourriture et d'exercices les plus favorables aux perfectionnements de chaque espèce; et l'homme, cet animal si précieux n'est l'objet d'aucune sollicitude; c'est à désespérer le penseur et le philosophe!

Tout ce qui précède sur la question de l'instruction publique s'applique naturellement aux deux sexes; l'éducation des femmes importe autant à l'État, plus peut-être, que celle des hommes, car elles sont les premières institutrices des enfants que la société a le devoir de préserver de tout ce qui peut fausser chez eux les premières impressions de la vie.

§ 7. — *De la Justice.*

La Justice est rendue par diverses magistratures.

Celle de droit commun par les magistrats civils;

La Justice administrative, par les conseils de préfecture et le conseil d'état.

La Justice exceptionnelle qui s'exerçait au profit de certaines classes privilégiées de citoyens, a disparu en fait depuis la proclamation de la République, mais n'a pas encore été abrogée.

Le droit commun est seul conforme au droit naturel, tout droit conventionnel doit donc disparaître de nos lois.

Le droit commun lui-même ne devrait s'exercer dans les affaires civiles et correctionnelles que par le double concours du jury, juge du fait et par la magistrature juge du droit appliquant la loi.

La Justice se rend déjà ainsi dans les affaires criminelles, et on ne s'explique pas qu'une institution à laquelle sont confiés l'honneur et la vie des citoyens, soit exclue du droit de juger également les délits correctionnels et les différents entre les particuliers. On ne peut même pas justifier cette distinction par cette raison que l'exercice constant de la Justice donne aux magistrats une sûreté de jugement que n'auraient pas de simples citoyens pour apprécier le fait dans les affaires correctionnelles ou civiles; car cette sûreté de décision est si peu réelle que, sur cent jugements rendus par la magistrature il en est à peine cinq qui soient rendus à l'unanimité.

Toutes ces distinctions ont été faites *à l'usage des monarchies;* il faudrait donc que la Justice s'exerçât suivant l'esprit de la souveraineté nouvelle au nom de laquelle la magistrature devrait désormais la rendre. Son indépendance, sa considération y gagneraient, car elle ne serait plus exposée aux attaques dont elle n'a été que trop souvent l'objet sous la monarchie.

§ 8. — *Des Cultes.*

J'ai hésité à parler ici de la question des cultes, car c'est la rabaisser beaucoup que la ranger dans l'étude des réformes administratives; mais je suis bien obligé de prendre les choses telles qu'elles sont, et de classer cette question dans celles qui touchent à l'administration publique, puisque les cultes sont salariés par elle.

Tout ce qui touche à la conscience devrait être pur de toute attache gouvernementale, car s'il est une liberté qui doit primer toutes les autres, c'est bien à coup sûr la liberté de conscience; et cette liberté ne sera sincère, véritable, que quand la religion sera séparée de l'Etat.

Le jour où cette séparation sera complète, verra le triomphe de la morale et de la vérité.

§ 9. — *De la Garde nationale.*

A la suite des cruels événements que la France vient de traverser, l'opinion publique est fort mal disposée contre la garde nationale, et beaucoup vont jusqu'à en demander la suppression complète; le moment serait donc mal choisi pour traiter cette question tant que la société si profondément troublée ne sera pas réorganisée. Je dois faire observer toutefois qu'il serait imprudent de la trancher aujourd'hui d'une manière définitive, car si la monarchie doit repousser cette institution en raison de l'antagonisme qui existe entre ses intérêts et ceux du pays; le gouvernement de la souveraineté nationale doit, par la raison contraire, tenir à la conserver, tout en réformant ce qu'elle peut avoir de vicieux et de dangereux.

§ 10. — *De l'Armée.*

Tout citoyen doit son sang à sa patrie.

Sous un régime de liberté, personne ne devrait pouvoir se soustraire au service militaire, parce que d'abord c'est un devoir, et qu'ensuite le régiment est une école où tous les jeunes hommes du même âge, en apprenant à servir la patrie commune, apprendraient aussi à s'estimer les uns et les autres, quelle que soit, du reste, la position de leurs familles dans le monde.

Rentrant ainsi dans le droit commun, la France, au lieu d'avoir une armée, serait une nation armée et véritablement propre à la défense du pays.

En même temps que le régiment serait école militaire, il devrait être aussi et obligatoirement école d'adultes.

Les jeunes soldats seraient préservés ainsi de l'oisiveté qui est un des plus grands fléaux de l'armée et ils apprendraient, suivant le degré d'instruction acquise avant leur entrée au régiment, les choses qui leur serviraient plus tard dans la vie, de telle sorte que les années passées au régiment, loin de leur être nuisibles, leur seraient, au contraire, extrêmement profitables au point de vue moral aussi bien qu'au point de vue professionnel, car ce serait le complément de l'éducation ; le pays, de son côté, s'enrichissant chaque jour de nouveaux hommes disciplinés, formés au devoir, au maniement des armes, instruits, acquerrait rapidement une richesse considérable, une puissance indomptable.

Des écoles existent déjà dans les régiments ; mais elles ne forment pas, à proprement parler, une institution poursuivant avec énergie la pensée bien arrêtée de préparer les jeunes soldats aux diverses carrières ou aux différents métiers qu'ils ont à parcourir à leur sortie du régiment.

Ce but ne serait toutefois qu'imparfaitement atteint si les soldats seuls étaient préservés de l'oisiveté en même temps qu'ils recevraient l'instruction. Des mesures analogues devraient être prises à l'égard des officiers de tous grades, de telle sorte que dans l'armée, aussi bien que dans la vie civile, la journée tout entière des militaires fût consacrée à des occupations utiles.

§ 11. — *De la Police.*

Sous un gouvernement de liberté, la police ne doit avoir d'autre objet que de protéger la société contre les malfaiteurs ; elle est, à ce titre, éminemment respectable, et je voudrais, pour lui faciliter sa tâche, que tout citoyen fût tenu de justifier de son identité, à première réquisition, au moyen d'une carte portant sa photographie et sa signature.

Ce moyen si simple que nous fournit la science, bien loin d'être une gêne

pour les honnêtes gens, serait pour eux une puissante garantie qui les protégerait dans tous les actes de leur vie, et ils verraient, moins facilement
qu'aujourd'hui, les gens tarés se mêler à eux, s'introduire dans leurs réunions, y porter le désordre, les souiller par leur présence, et l'administration publique, ainsi que la justice, auraient désormais un moyen infaillible
d'atteindre tous les malfaiteurs sans en laisser échapper aucun.

CHAPITRE IX.

DES RÉFORMES SOCIALES.

§ 1er. — *Des Principes.*

Toute richesse vient du travail, il n'en existe pas une parcelle qui ne
soit le résultat d'un effort humain; le travail doit donc tenir la première
place dans le respect des hommes.

Le capital est le résultat de l'épargne du travailleur, il est inviolable,
et celui qui le possède légitimement, a le droit d'en disposer comme il
l'entend.

Le capital resterait improductif sans la main du travailleur, ce dernier
perdrait lui-même toute sa force productive sans le concours du capital qui
lui fournit les instruments de travail; ce sont deux forces qui ne peuvent se
passer l'une de l'autre.

La richesse, condensée dans certaines parties de la société plus favorisées
de la fortune que le reste d'une nation, est indispensable à la prospérité des
peuples, car cette richesse est la source du capital-instrument qui fait vivre
de son côté les travailleurs.

Une nation qui se partagerait un jour, par la force et contre tout droit
naturel, la richesse privée, de laquelle découle, après tout, la fortune publique, périrait de faim et de misère jusqu'au jour où, par le jeu naturel de
l'activité, de l'intelligence, des passions et des vertus, le réservoir commun
se remplirait de nouveau pour rendre la vie à cette nation qui se serait
suicidée par les deux plus misérables passions du cœur humain, la cupidité
et la jalousie.

Tout homme est soumis à la loi du travail et ceux-mêmes, que l'épargne,
la leur propre ou celle qu'ils tiennent loyalement d'autrui, met à l'abri du
besoin, manquent au moins à la loi de l'humanité s'il ne violent pas celle de
la société quand ils vivent dans l'oisiveté.

L'oisiveté est donc un vice, quand elle n'est pas justifiée par la disparition
des forces.

La morale, la religion qui n'en est que la sanction, imposent à tous
les hommes le devoir de s'aider les uns les autres; mais celui qui a besoin
d'aide ne peut la réclamer comme un droit, à moins de conventions particulières et antérieures avec son semblable.

Avant que les hommes fussent réunis en société, ils vivaient errants, et
chacun pourvoyait isolément, comme il le pouvait, à ses propres besoins.

Le premier qui a défriché la terre pour la cultiver et en obtenir ce qui devait le faire vivre a été le fondateur de la société.

Il a construit sa cahute près de son champ, d'autres l'ont imité, et ainsi sont nés : la propriété, le premier hameau, la solidarité entre les hommes et les droits de cité.

La terre n'a donc de valeur que par le travail qu'elle reçoit, et le premier champ qui a été cultivé n'est devenu la propriété de celui qui l'avait ensemencé que parce qu'il l'avait arrosé de ses sueurs.

Tous les droits, excepté celui de l'enfant qui doit être protégé par son père, n'appartiennent aux hommes vivant en société que par suite de conventions librement discutées, acceptées par eux et sans que jamais aucune loi écrite puisse prévaloir contre le droit naturel.

Le premier hameau a donné naissance au premier village, le premier village à la ville, et à mesure que les hommes ont formé des groupes plus nombreux, on a vu se développer, comme conséquence, les devoirs et les droits de la solidarité.

C'est ainsi que sont nés la division du travail, l'épargne, le capital, et que s'est révélée la loi naturelle *de l'offre et la demande qui veut que plus une marchandise est demandée plus elle soit chère, et que plus elle est offerte plus elle soit dépréciée;* pliant ainsi sous sa puissance inexorable tout ce qui se vend, tout ce qui s'achète, le travail comme le capital, l'intelligence comme la simple force physique.

§ 2. — *Les Questions sociales.*

Les questions sociales dont on fait tant de bruit et qui agitent si profondément la société reposent, comme nous venons de le voir, sur un fort petit nombre de principes, et l'irritation qu'elles ont fait naître dans l'esprit des travailleurs tient à une foule de malentendus entre le travail et le capital qu'il faut absolument réconcilier, si on veut faire cesser le trouble que ce ménage brouillé apporte à la société tout entière par ses querelles et ses irritations, mais il ne faut pas compter sur la loi pour obtenir ce résultat; car il n'y a pas de question sociale au point de vue judiciaire et le législateur n'a rien à voir dans les lois naturelles qui portent en elles-mêmes leur propre sanction.

Cette situation tient plus à des causes morales et politiques qu'au fond des choses, parce que les classes ouvrières, si pleines pourtant de raison et de bons sentiments quand elles sont laborieuses, se sont laissé aveugler par les passions, par l'irritation dans la défense de leurs intérêts trop abandonnés malheureusement par ceux qui, sans souci des devoirs qu'ils avaient à remplir envers elles, n'ont eu d'autre soin que celui de s'enrichir avec leur concours.

Aucun ouvrier honnête ne pourra jamais contester la vérité des principes posés dans le paragraphe qui précède, et il se rendra compte facilement, pour peu qu'il soit intelligent, des désastres qu'entraînerait le partage des biens ou leur centralisation entre les mains de l'État, les administrant dans l'intérêt commun, ainsi que l'ont proposé quelques rêveurs ou quelques hommes passionnés.

Ceux-là, je le soupçonne, n'ont jamais travaillé que dans leurs livres, car pour peu qu'ils eussent manié la charrue, la hache ou le marteau, ils sauraient à quel point le produit du travail s'abaisse quand il n'est pas excité par l'intérêt direct et personnel. Témoin les travaux à la tâche où le bon travailleur arrive toujours à doubler le salaire du travail à la journée et souvent à le tripler.

Ceux qui s'occupent des questions sociales ont les yeux trop souvent fixés sur le capital qu'ils convoitent; ils feraient bien mieux de les tourner vers les mains qui le rendent productif; car une nation, aussi bien que le simple particulier, n'est riche que par son revenu.

Le revenu pourrait, en France, être doublé au profit du capital, au profit de ceux qui le fécondent, au profit de l'État par conséquent, si une meilleure entente s'établissait entre ceux qui possèdent les instruments de travail et ceux qui s'en servent.

Cette entente s'établira le jour où, propriétaires, fermiers, chefs d'usines, patrons et tous directeurs d'ateliers à un titre quelconque, comprendront qu'à côté du droit qu'ils ont de défendre les intérêts du capital qu'ils représentent, se trouve, pour eux, le devoir d'aimer leurs ouvriers, de les traiter avec la bienveillance qu'inspire l'affection, d'étudier leurs besoins et les moyens d'y satisfaire dans les limites du vrai et du possible. Ce jour là, la brouille qui existe entre le capital et le travail sera bien près de se calmer et on sera tout étonné de voir surgir des solutions conformes aussi bien à l'intérêt des patrons qu'à celui des ouvriers; car les classes ouvrières, encore plus avides de bons procédés que d'argent, ont toujours rendu en dévouement ce que les patrons intelligents leur ont prêté en bons procédés.

Quand la réconciliation sera faite entre les hommes, elle ne tardera pas à se faire entre les intérêts, car alors, toutes choses pouvant être examinées avec le calme que donnent la confiance et l'affection, beaucoup d'idées fausses, contraires au droit naturel et à la raison, devront disparaître pour laisser la place aux seules choses raisonnables et pratiques.

Le travail est la loi de l'humanité, lui seul peut donner le bonheur; l'oisiveté, au contraire, est un vice que punissent la fatigue, l'ennui, la satiété et quelquefois le dégoût de la vie chez les riches, la misère et la dégradation chez les pauvres.

L'homme le plus riche est celui qui a le moins de besoins, celui qui a le moins de besoins est le plus heureux; le sort des gens riches n'est donc pas si enviable que certains travailleurs pourraient le supposer.

Ce qui est enviable chez les riches, ce sont moins les jouissances que procure la richesse, et sur lesquelles l'homme est bien vite blasé, que la sécurité du lendemain dans laquelle vit celui qui possède l'épargne.

Qu'y faire? C'est une loi de nature contre laquelle ne prévaudra jamais aucune loi écrite.

Mais si la loi des hommes ne peut rien contre la loi naturelle, il appartient à la solidarité qui unit les citoyens, de chercher, par des institutions libres, le moyen de combattre en ceci, comme en tout, les risques qui affligent l'humanité.

« Aujourd'hui il n'y a plus de classes de citoyens, » comme le dit d'une manière si saisissante un article du journal *le Siècle* que j'ai sous les yeux, « on est ouvrier, on est employé, on est commis, on est patron, on est bou- » tiquier, on est riche, on est pauvre; l'ouvrier peut devenir patron, le » paysan peut devenir propriétaire, le pauvre peut devenir riche et récipro- » quement. Les citoyens ne sont plus parqués par classes. »

L'auteur aurait dû dire encore : on est considéré ou méprisé, suivant qu'on est bien ou mal élevé, suivant qu'on a ou qu'on n'a pas le respect de soimême.

J'ajouterai, pour compléter ces pensées, que la bourgeoisie contre laquelle s'élèvent tant de passions irréfléchies, n'est autre chose que le réservoir commun de la richesse, de l'intelligence et du savoir-vivre, comme la mer est le réservoir commun de toutes les eaux du globe. Elles s'alimentent chacune par mille canaux divers et s'évaporent ensuite, l'une dans le tourbillon des passions, de l'activité et de l'intelligence humaines, l'autre dans l'immensité de l'atmosphère pour retourner s'évaporer de nouveau et revenir toujours à leur centre commun.

Ce circuit perpétuel que parcourt l'humanité, les uns en sortent, les autres y rentrent suivant leurs qualités et leurs défauts, mais tous ceux qui ont voulu et qui voudront y pénétrer par la force, en seront toujours repoussés en n'emportant de leur mauvaise action que la misère et les remords.

Que personne ne l'oublie, la richesse n'est que le résultat de l'épargne, l'épargne ne s'acquiert que par le travail, on ne saurait trop le répéter.

C'est dans cette voie féconde en profits et en vertus que les patrons, qui comprennent les devoirs que leur position leur impose, doivent seconder les travailleurs en cherchant, de concert avec eux, et avec le désir sincère d'y parvenir, les moyens d'assurer le lendemain de l'ouvrier, de le conduire à l'épargne, d'augmenter son salaire.

L'ouvrier n'a pas de lendemain parce que les rapports entre le capital et le travail ne sont réglés ni d'une façon prévoyante ni d'une manière équitable.

Le capital, dominateur par sa nature, a voulu marcher sans entraves, il s'est réservé le droit de prendre et de laisser l'ouvrier du jour au lendemain, cette situation, consacrée par l'habitude, constitue encore aujourd'hui l'état actuel des rapports entre ouvriers et patrons.

Cette facilité de renvoi des ouvriers s'exerce dans des limites différentes suivant les différents corps d'état, mais toujours dans un très-court espace de temps, à de rares exceptions près.

Il faut nécessairement que cette situation soit changée dans l'intérêt de tous, du capital aussi bien que du travail, et que les conditions de temps pendant lequel l'ouvrier devra fournir son travail, ne serait-ce que pendant vingt-quatre heures, soient réglées, aussi bien que son salaire, dès son entrée dans un atelier.

La propriété n'agit pas autrement, la durée des baux et des fermages, les prix de location sont toujours réglés à l'avance par conditions verbales ou écrites. Pour ceux de courte durée, l'usage et la loi ont réglé les conditions du temps pendant lequel les parties sont tenues de se prévenir réciproquement quand elles veulent en faire cesser l'effet; pourquoi donc en est-il autrement, dans la plupart des cas, entre le capital-instrument et les travailleurs?

Les patrons sont eux-mêmes intéressés à cette réforme ; car si la cessation inopinée du travail par la volonté ou le caprice du patron peut plonger l'ouvrier dans la misère, le départ inopiné de l'ouvrier peut de son côté ruiner le patron qui a soumissionné des entreprises ou pris des engagements de livrer des marchandises dans un temps déterminé.

Je n'ignore pas les difficultés que rencontrera le régime nouveau qui devra nécessairement régler cette partie des rapports entre le capital et le travail, mais je suis convaincu qu'on les résoudra le jour où toutes les parties intéressées les examineront avec loyauté et la sincère volonté de s'entendre.

L'épargne, c'est le lendemain assuré, c'est l'indépendance, c'est le bonheur pour chacun; les patrons, le gouvernement lui-même, doivent donc faciliter et indiquer aux ouvriers tous les moyens d'y arriver.

Dans cet ordre d'idées, il faut distinguer le rôle des deux intervenants : le rôle des patrons est un rôle actif, celui du gouvernement est, et ne peut être que purement passif; à lui le soin d'organiser les caisses de dépôt, d'en administrer le placement; aux patrons de provoquer l'épargne par une sollicitude incessante, par l'exemple, par les bons conseils prodigués avec affection et bienveillance à leurs ouvriers et en leur faisant connaître surtout la puissance de l'épargne placée à intérêt composé ainsi que l'indique le tableau suivant :

```
0f,25 par jour ou 25f placés tous les 3 mois à 4 p. % produisent au bout de 10 ans,   1,222f
0 ,50              50              —                        —                           2,444
0 ,75              75              —                        —                           3,664
1   »             100              —                        —                           4,888
1 ,50             150              —                        —                           7,332
2   »             200              —                        —                           9,777
```

Que de fortunes, petites ou grandes, n'ont eu et n'ont encore que des points de départ aussi modestes, parce que l'épargne n'apporte pas seulement l'argent, elle fait mieux, elle donne l'esprit d'ordre et d'économie, elle engendre la bonne conduite, biens autrement précieux et autrement efficaces que l'argent pour faire fortune !

Aux patrons il appartient encore de provoquer sans cesse le développement des associations de secours mutuels qui protégent l'homme contre les risques de la vie, en faisant comprendre aux ouvriers à quel point ces institutions relèvent la dignité de l'homme et à quel point au contraire les secours de la charité l'abaissent.

L'augmentation des salaires restera toujours soumise, quoi que l'on dise, quoi que l'on fasse, à *l'inflexible loi de l'offre et de la demande*, contre laquelle la violence peut bien prévaloir parfois, mais qui reprend toujours son cours, comme tout ce qui est loi naturelle.

Ce n'est donc ni dans les coalitions, ni dans les lois écrites, qu'il faut chercher l'augmentation des salaires, mais dans une meilleure répartition du travail.

Il faudrait :

1° Étudier les moyens de connaître toujours exactement l'état de l'offre et de la demande de la main-d'œuvre, faciliter par des combinaisons avec les chemins de fer le déplacement des ouvriers, ceux non mariés surtout, afin de leur permettre de quitter les centres industriels où l'offre est abondante pour se porter sur ceux où elle est rare.

Chose singulière, tout ce qui se vend, marchandises et capitaux ont leurs marchés, la main-d'œuvre seule n'a pas les siens, et cependant, avec les moyens rapides de communication dont dispose aujourd'hui la société, il serait aussi facile de connaître chaque jour le cours de la main-d'œuvre que ceux de toute autre marchandise.

2° Augmenter de plus en plus l'indépendance des travailleurs *par les travaux donnés à l'entreprise, par la commandite, par la participation aux bénéfices du capital.*

Je ne me fais pas d'illusion sur toutes les difficultés que présentent ces différentes combinaisons, mais je suis convaincu qu'on les résoudra successivement avec l'expérience, si patrons et ouvriers y mettent une égale bonne foi et une égale bonne volonté.

L'entreprise entraîne après elle les malfaçons ; *la commandite* devient difficile avec un groupe nombreux de commandités ; *la participation dans les bénéfices* présente de nombreuses difficultés dans l'exécution, en raison du peu d'influence qu'exerce aujourd'hui, sur les hommes en général, le sentiment du devoir ; mais je sais aussi que le travail à la journée porte à la paresse, est peu productif et blesse la morale, la dignité de l'homme, les intérêts du capital et ceux de la société tout entière.

Il faut cependant de toute nécessité qu'on arrive à faire quelque chose, car l'état présent des rapports entre le capital et le travail est arrivé à un tel degré d'irritation que la société tout entière y succombera si on ne parvient pas à les concilier.

C'est sous l'empire de cette préoccupation que j'ai indiqué au commencement de cette étude sur les questions sociales, la réforme morale des relations entre patrons et ouvriers, car je la considère comme le point de départ absolument nécessaire à toutes celles qui touchent aux intérêts matériels des uns et des autres.

Vous tous qui possédez le capital, souvenez-vous et ne l'oubliez jamais que votre fortune n'a de valeur que par le concours des travailleurs.

Personne, aucune loi écrite, ne pourrait à la vérité vous en déposséder sans crime; mais à quoi vous servirait-elle si le travailleur, comme ce serait son droit, vous refusait son concours?

Comprendrez-vous enfin, patrons et ouvriers, que rivés les uns et les autres à une chaîne indissoluble, vous devez vous aimer réciproquement et donner : patrons aux ouvriers, le concours de votre expérience, et des connaissances que l'éducation a développées chez vous : ouvriers aux patrons, toute la somme de travail et d'intelligence dont chacun de vous peut disposer.

Que la France deviendrait grande, prospère, malgré ses malheurs, combien chacun de nous, riches ou pauvres, verrions-nous augmenter notre aisance si l'accord sympathique pouvait s'établir entre ceux qui travaillent et ceux qui font travailler !

Associons-nous donc tous, grands et petits, dans cette pensée commune; voyons-nous, réunissons-nous par groupes, apprenons à nous connaître, nous verrons s'évanouir ainsi bien des préjugés, disparaître bien des rancunes, et nous arriverons vite alors, j'en suis convaincu, à la réforme de nos mœurs sans laquelle aucune autre ne sera jamais possible.

Les autoritaires ont presque toujours été en possession du pouvoir, soit public soit privé ; cette école n'a pas compris son époque.

Elle a froissé le peuple français en voulant lui faire du bien sans lui et souvent malgré lui, oubliant qu'elle avait affaire à une nation devenue très-ombrageuse, susceptible et jalouse à l'excès de sa dignité, de son indépendance.

Dans l'État, comme dans les administrations particulières, elle ne fait le bien qu'avec hauteur, sécheresse et ostentation, elle sème ainsi le mécontentement, souvent l'irritation, et elle s'étonne ensuite, criant à l'injustice des hommes, de ne récolter que l'ingratitude !

Elle se méfie d'eux, tient en mépris toute l'humanité, ne comprenant pas, que par un juste retour, elle ne peut recueillir elle-même que des sentiments semblables. C'est en un mot l'école de la méfiance réciproque.

L'école de la liberté professe des maximes tout opposées,

Elle pratique avant tout la vérité, le respect de la dignité dont Dieu a doté le cœur de tous les hommes.

Elle croit à la puissance de la conscience humaine qui ne s'éteint jamais, même chez les plus pervers.

Elle préfère gouverner les hommes en faisant appel à l'honneur, au sentiment du devoir.

Elle est bienveillante avec eux, elle leur témoigne de la confiance afin de leur en inspirer.

C'est en un mot l'école du respect et de la confiance réciproques !

J'ai, quant à moi, pratiqué constamment ces principes dans ma longue carrière industrielle, je m'en suis toujours bien trouvé et je reste plus que jamais convaincu, en présence des douloureux événements au milieu desquels je termine ce travail, que l'école de la liberté pourra seule rendre la tranquillité et la prospérité à notre malheureux pays, qui a encore plus besoin d'ordre moral que d'ordre matériel.

CONCLUSION.

Les idées que je viens d'exposer m'ont été inspirées par l'étude des hommes, à travers une longue pratique de grandes affaires industrielles.

Je n'ai jamais été et je ne serai jamais d'aucun parti. J'ai été toute ma vie et je mourrai homme de liberté, de vérité, attendant tout de la libre discussion et du progrès des mœurs, j'ai toujours respecté les gouvernements existants avec l'espoir de les voir opérer les réformes qui les auraient fait accepter et les auraient fait durer par la force de l'habitude, car j'ai horreur de la révolte; cela m'a toujours suffi.

Je n'ai aucune ambition, je ne prétends à rien, je n'ai qu'une passion dans l'âme, l'amour ardent de mon pays, la foi dans sa vitalité et dans son avenir, malgré ses malheurs, malgré les calomnies dont on l'accable.

Je n'ai eu d'autre but, dans le cours de ces études, que de rechercher les causes de nos souffrances; j'ai cru les découvrir dans l'oubli des principes par ceux qui le gouvernent depuis quatre-vingts ans, et je l'ai dit nettement sans aucune pensée d'offense.

J'ai rappelé les principes, j'ai indiqué les moyens que, selon moi, l'on devrait employer pour les préserver désormais de toute atteinte, et j'en ai conclu que la souveraineté nationale pourrait seule réformer nos mœurs, rendre le calme à notre société, cicatriser ses plaies et empêcher le retour de tous nos malheurs.

Que les monarchistes, les politiques et les autoritaires qui en forment le cortége affirment aussi nettement leurs principes : la France jugera.

Qu'ils disent :

Quelle monarchie ils veulent? — Constitutionnelle ou absolue ?

Quel monarque ils porteront sur le trône? — Ils ont à choisir entre trois.

A quelle source ils iront puiser le principe d'autorité monarchique?

Auront-ils recours à un coup d'état ou au vote universel? Dans l'un comme dans l'autre cas, l'autorité monarchique sera une usurpation. Le droit naturel sera ouvertement atteint dans le premier, l'atteinte sera cachée sous une légalité fictive et mensongère dans le second.

Comment cette monarchie se préservera-t-elle alors des revendications des générations nouvelles qui flétriront l'usurpation et qui, fortes du droit naturel, contesteront à la génération passée, le pouvoir d'avoir aliéné la souveraineté nationale?

Comment enfin cette monarchie échappera-t-elle aux intrigues des autres partis monarchiques qui auront succombé? Ils aspireront toujours, quoi que l'on fasse, à reconquérir le pouvoir malgré l'alliance mensongère qu'ils auront faite entre eux sous la pression des événements du moment.

Chacun proclame que la lutte des partis finira par tuer la France; mais alors, pourquoi ne pas se mettre d'accord sur une forme de gouvernement qui les fondra tous dans son creuset pour en retirer l'or qui fera cesser nos misères? On est vraiment tenté de croire, en voyant l'acharnement des hommes de partis, que leurs intérêts égoïstes sont tout et que ceux de la patrie ne sont rien pour eux!

Est-ce le mot de *République* que l'on craint? Je n'y attache pas d'importance, je ne pense qu'aux principes! Je verrais même volontiers disparaître ce mot de notre vocabulaire politique.

La République (*la chose de tous*) prête à de telles interprétations que tous les partis en ont tour à tour revendiqué le sens. Les luttes qui s'en sont suivies ont troublé perpétuellement la société, ensanglanté notre histoire, de telle sorte que son nom est devenu un épouvantail pour le grand nombre.

L'expression *Souveraineté nationale* que j'ai adoptée dans tout le cours de cette étude est, au contraire, nette, claire, précise et ne souffre pas d'interprétation ; il faudrait donc l'adopter comme la définition la plus vraie d'un peuple vivant dans la plénitude de la liberté.

J'adjure tous ceux que le mot République effraie, tous ceux, et ils sont nombreux tant à Paris qu'en province, qui, voulant l'ordre avant tout, seraient disposés à se jeter dans les bras d'un sauveur, de bien réfléchir à toutes ces choses et je suis convaincu qu'ils reconnaîtront qu'un gouvernement anonyme tel que celui de la *Souveraineté nationale* aura toujours plus de force matérielle que tous les monarques auxquels ils pourraient imprudemment se livrer, et que seul, il est en possession de la puissance morale que ne possédera jamais aucun souverain, pour réformer nos mœurs, détruire les abus et rendre enfin à jamais la France, tranquille, grande et prospère.

Pour tous ceux qui voudront réfléchir, la formidable insurrection qui vient d'ébranler la société jusque dans ses fondements est le plus puissant argument à opposer à ceux qui se laissant aller à leur imagination, pensent que la monarchie seule est en possession de l'ordre, et que la souveraineté nationale est au contraire un foyer perpétuel de désordre.

Cette insurrection a tenu à des causes multiples que je ne veux pas examiner ici ; l'histoire impartiale fera plus tard la part des gouvernants, des gouvernés et des partis ; ce que je veux seulement constater, c'est l'état dans lequel la monarchie, cette monarchie que l'on considérait pourtant comme si puissante et si habile, a laissé notre société, qui n'a pu ni prévenir un si grand désastre, ni empêcher les mauvaises passions et les plus vils instincts du cœur humain de dominer par la terreur une population de deux millions d'âmes !

Si la souveraineté nationale eût existé dans son entière vérité, toutes les mesures d'intérêt public, même les plus énergiques, eussent été prises ; tous les incapables eussent été brisés et remplacés ; car le pouvoir anonyme seul, est assez puissant pour se placer au-dessus de toutes considérations de personnes, de toutes camaraderies auxquelles ne peuvent échapper les monarchies, dont, après tout, le gouvernement de la défense nationale n'était qu'une informe copie ; car il ne faut pas se le dissimuler, si les monarchies ont leurs intérêts dynastiques, la République a ses favoris, ses petites églises, leurs intolérances et leurs fanatismes, ainsi que ne l'ont que trop prouvé les républicains du 4 septembre, les insurgés de Paris, les républicains de Versailles.

Noyons donc tous ces éléments discordants dans l'océan du vote universel et de la souveraineté nationale veillant, contrôlant toujours au moyen de ses corps électifs, et n'abdiquant jamais.

J'ai vu de très-près la population parisienne, je l'ai bien observée, bien étudiée pendant les longs et douloureux mois du siége, en raison des fonctions de chef d'îlot que j'ai exercées dans le corps civique.

J'ai vu son courage, sa patience et sa résignation devant des douleurs qu'on aurait pu si facilement lui éviter ; j'ai vu sa générosité, son patriotisme poussé jusqu'à l'abnégation, et mon esprit se révolte contre les calomnies dont on abreuve aujourd'hui Paris tout entier qui a pourtant conservé ce qui pouvait être sauvé de l'honneur de la France, et qui l'aurait peut-être sauvée elle-même si la capitale avait été gouvernée par des gens capables et énergiques.

Mais que pouvait cette population courbée sous des institutions faites, dans un intérêt purement dynastique, privée comme elle l'était complétement des institutions les plus élémentaires d'un peuple libre, et façonnée à tout attendre de l'initiative et de la direction des gouvernants ? Moins préoccupés des intérêts du pays que de ceux de leurs dynasties ou de leurs petites églises, on les a vus, ces gouvernants, oublier les uns après les autres le pays pour ne songer qu'à eux-mêmes et conduire ainsi la France à sa perte.

La population honnête de Paris n'a pu lutter contre la terreur sous laquelle elle a courbé la tête, parce qu'elle n'a trouvé aucun lien commun dans les institutions et qu'il ne s'est pas rencontré, parmi ceux qui disposaient de ses destinées, des hommes assez intelligents et assez vigoureux pour suppléer par leur prévoyance et leur initiative à l'absence d'institutions.

Quand je vois les partis, les imprévoyants et les impuissants calomnier cette population honnête qui fait, après tout, l'immense majorité de la population de Paris, ameuter contre elle la province qui obéit d'une manière irréfléchie à ces excitations, mon esprit se révolte et ma conscience s'indigne !

Songeons tous, gens de Paris, gens des villes, gens des campagnes, nous tous enfin qui n'avons d'autre intérêt que celui de notre pays, et que les partis poussent à une restauration monarchique, songeons que nous ferons encore les affaires des chefs de partis et non les nôtres, si, subissant leur funeste influence, nous les aidons à placer de nouveau des intérêts dynastiques ou de partis républicains à côté de ceux de la nation ; car nous perpétuerons ainsi l'antagonisme sous lequel la France se meurt !

Réfléchissons donc et entendons-nous tous aux prochaines élections pour écarter du scrutin les privilégiés, les parasites, et tous ceux que des intérêts matériels ou de vanité rattachent aux idées monarchiques ; écartons-en aussi les chefs des petites églises républicaines qui ne sont toutes que des foyers de despotisme et d'insanité politique, pour n'admettre que des hommes désintéressés acceptant sans arrière-pensée le gouvernement de la *Souveraineté nationale*.

Écartons surtout les politiques qui, sous prétexte de fonder la République, (j'ose à peine prononcer ce mot), veulent donner à la France des institutions monarchiques contraires au principe de la Souveraineté nationale.

Expulsons de notre pays, par des lois que cette Souveraineté nationale aura seule la force de faire, les repris de justice, les ivrognes, les paresseux, les hommes de mauvaise vie ; toute cette engeance enfin qui forme ce que l'on appelle à bon droit la canaille ; car il ne faut pas se le dissimuler, le mal qui ronge aujourd'hui la société européenne, et celle de la France en particulier, n'est pas politique, il est social.

Il importe bien autrement à notre nation de réformer ses mœurs, d'apprendre à être maîtresse d'elle-même, que de savoir si elle sera gouvernée par tel ou tel monarque, telle ou telle coterie républicaine et par la vanité ou la cupidité d'une poignée quelconque de privilégiés ou d'ambitieux.

Les partis n'ont jamais fait qu'envenimer ce mal social qui ronge la France ; ils seront toujours impuissants à le guérir.

Ils ont tour à tour, à leur profit, trompé l'opinion publique, excité les passions politiques, afin de faire servir à leurs desseins la foule toujours facile à égarer quand on la passionne.

Nous venons de voir les meneurs de la dernière insurrection, dissimulant leurs projets inavouables, entraîner à la révolte, sous le prétexte de réformes politiques à obtenir, cette foule inconsciente de ses actes ; mais comme, en réalité, il s'agissait pour eux de détruire de fond en comble la société, ils ont dû s'assurer le concours d'auxiliaires sur lesquels ils pussent compter plus sûrement pour l'accomplissement de leurs criminels desseins.

Ils ont fait appel aux malfaiteurs de tous les pays, ils ont excité leur cupidité, ils ont éveillé dans leurs cœurs les passions les plus viles et les plus honteuses.

Ils leur ont donné l'espoir mensonger d'obtenir par des réformes politiques, la satisfaction de leurs appétits désordonnés, sans avoir besoin de travailler.

Les habiles scélérats qui leur ont tenu ce langage savaient pourtant bien qu'aucune organisation politique ne pourra jamais faire que l'homme puisse vivre sans travailler, ni s'enrichir sans épargner !

La capitale a d'abord été occupée par l'ensemble de ces forces, mais les malfaiteurs, après avoir dominé par la terreur, ceux-là même qui combattaient avec eux, pensant, ces insensés, ne faire qu'une révolte politique, révolte déjà bien coupable puisqu'elle était dirigée contre le vote universel, se sont complétement emparés de Paris pour le pressurer à outrance. Ils l'ont ensuite incendié, quand il leur a fallu le rendre, préférant, dans le délire de leurs immondes passions, anéantir la richesse publique et mourir, plutôt que de vivre sans se la partager.

La France entière pleure aujourd'hui sur les cendres de Paris, et, accablé moi-même sous le poids de la douleur, j'ai hésité à publier ces études ; mais au moment où la réaction, profitant de l'horreur qu'inspirent les crimes qui ont souillé la capitale, se prépare à s'emparer de nouveau de la société, ma conscience me dit que je ne dois pas me taire.

Comment ! quand Paris vient d'être victime de hordes de brigands qui ne reconnaissent d'autre loi que le plus abominable despotisme, on ose dire à la France : *Vois où t'ont conduit tes rêves de liberté !*

Mais c'est à désespérer du bon sens public, quand on voit les habiles employer un tel argument et espérer, sérieusement, de le faire accepter.

Notre pauvre pays serait-il donc encore destiné, grand Dieu ! à être de nouveau la proie de ceux qui l'exploitent, qui causent tous ses malheurs depuis quatre-vingts ans ; et verrons-nous de nouveau l'immense majorité des Français se jeter affolée dans les bras des prétendus sauveurs, quand il lui serait si facile de fonder, par la seule force de ses votes, le seul gouvernement aujourd'hui possible en France, celui de la *Souveraineté nationale.*

Gardez-vous ! gardez-vous des politiques, fiez-vous aux administrateurs honnêtes, fermes et bienveillants ; c'est le dernier et suprême appel que j'adresse à mes concitoyens.

Le Vésinet (Seine-et-Oise), Juin 1871.

Saint-Germain. — Imp. Th. Lancelin.